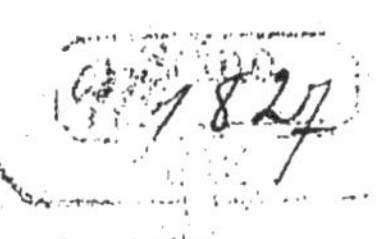

De la Protection des Œuvres Photographiques

RAPPORT

PRÉSENTÉ A LA HUITIÈME SESSION DU

CONGRÈS INTERNATIONAL DES ÉDITEURS

(Budapest-Juin 1913)

PAR

D.-A. LONGUET

De la Protection
des
Œuvres Photographiques

RAPPORT

PRÉSENTÉ A LA HUITIÈME SESSION DU

CONGRÈS INTERNATIONAL DES ÉDITEURS

(Budapest-Juin 1913)

PAR

D.-A. LONGUET

De la Protection
en matière de Photographie

❦ ❦ ❦

C'est avec juste raison, que la Commission d'organisation du Congrès International des Éditeurs, à Budapest, a estimé le moment venu de donner une précision plus grande aux vœux antérieurement émis, sur la protection de la photographie et de ses dérivés; les perfectionnements successifs apportés dans les dernières années, tant aux procédés qu'aux machines permettant de les utiliser couramment, ayant fait de leur emploi une nécessité première pour l'éditeur, qu'il publie des quotidiens, des périodiques ou des livres proprement dits.

Cette réglementation des droits et de leur limite, en matière photographique, est aujourd'hui une des plus complexes et peut-être la plus délicate parmi celles dont l'examen s'impose à l'éditeur, car elle est appréciée des façons les plus opposées, et les législations qui la régissent sont les moins certaines et les plus diverses.

La raison de ces divergences s'explique au reste de soi; d'une part les législations protectrices de la propriété des droits d'auteur ont, jusqu'en ces dernières années, procédé de la loi de l'An II de la République Française (Juillet 1793), qui la première, succédant aux maîtrises et jurandes abolies, a proclamé les droits de l'homme et du citoyen; cette loi ne pouvait, bien naturellement, songer à la photographie, découverte aux environs de 1840.

D'autre part, pendant les quarante années qui suivirent, l'emploi du collodion humide ou sec ne permit au procédé qu'un relatif développement; puis vint le gélatino-bromure qui assouplit le nouvel instrument à l'utilisation en tous lieux, et enfin la découverte de Meissenbach.

Jusque-là l'œuvre imprimée disposait, pour l'illustration directe par l'image photographique, de la phototypie et de l'héliogravure; mais ces illustrations, hors texte le plus généralement, étaient réservées aux ouvrages tirant à nombre restreint, ouvrages de luxe pour la plupart, empruntant rarement leur documentation à de tierces personnes.

La découverte de la similigravure, celle plus récente de l'héliogravure tramée, leur impression de jour en jour plus courante, sur machines plates d'abord, puis sur rotatives, sont venues modifier profondément le champ de l'activité éditoriale. L'illustration exacte, rapide, nombreuse, est devenue une nécessité impérieuse à laquelle, en toutes branches de l'édition, il est indispensable d'obéir.

Il est donc grand temps qu'un effort sérieux soit fait pour qu'en tous pays et de la façon la plus uniforme qu'il sera possible, une réglementation nette et précise soit établie, définissant les limites et les bases du droit de reproduction photographique, pour le plus grand bien et la plus grande sécurité de chacun.

La Convention de Berne, l'Acte de Paris, la Revision de Berlin n'avaient point omis cette question *(note A)*; les Congrès

---

NOTE A. — BERNE. — 1886, Protocole de clôture, I. — Au sujet de l'art. 4 il est convenu que ceux des pays de l'Union où le caractère d'œuvres artistiques n'est pas refusé *aux œuvres photographiques* s'engagent à les admettre, à partir de la mise en vigueur de la Convention conclue en date de ce jour, au bénéfice de ses dispositions. Ils ne sont, d'ailleurs, tenus de protéger les auteurs desdites œuvres, sauf les arrangements internationaux existants ou à conclure, que dans la mesure où leur législation permet de le faire.

Il est entendu que la photographie autorisée d'une œuvre d'art protégée jouit,

internationaux d'éditeurs s'en sont également occupés *(note B)* comme aussi les Congrès nationaux et internationaux de photographes et d'imprimeurs *(note C)*.

Le dernier Congrès international de Photographie notamment, tenu en 1910 à Bruxelles, et organisé par la Commission internationale des Congrès de photographie, a tenté d'apporter des précisions et non plus seulement de discuter la valeur esthétique du procédé *(note D)*.

En divers pays, des législations sur la photographie ont été constituées ces dernières années, soit spécialement, soit en profitant de l'établissement de lois d'ensemble sur la propriété artistique.

Malheureusement, parmi les législations intérieures récentes, il en est un certain nombre (comme on le constatera sur le tableau annexe sommaire de l'état actuel) qui n'ont pas désigné la photographie nommément, et par suite, laissent la porte ouverte à toute interprétation ; en ces pays, comme en ceux où une législation antérieure n'a pas été complétée, comme

---

dans tous les pays de l'Union, de la protection légale, au sens de ladite Convention, aussi longtemps que dure le droit principal de reproduction de cette œuvre même, et dans les limites des conventions privées entre les ayants droit.

PARIS 1896. — Acte additionnel. — Protocole de clôture revisé. — I. — Au sujet de l'article 4, il est convenu ce qui suit :

b) Les œuvres photographiques et les œuvres obtenues par un procédé analogue sont admises au bénéfice des dispositions de ces actes, en tant que la législation intérieure permet de le faire, et dans la mesure de la protection qu'elle accorde aux œuvres nationales similaires.

Il est entendu que la photographie autorisée d'une œuvre d'art protégée jouit, dans tous les pays de l'Union, de la protection légale au sens de la Convention de Berne et du présent Acte additionnel, aussi longtemps que dure le droit principal de reproduction de cette œuvre même, et dans les limites des conventions privées entre les ayants droit.

PARIS 1896. — Acte additionnel. — ART. 2. — Déclaration interprétative. — 1° Aux termes de l'article 2, alinéa 2 de la Convention, la protection assurée par les actes précités dépend uniquement de l'accomplissement, dans le pays d'origine de l'œuvre, des conditions et formalités qui peuvent être prescrites par la législation de ce pays. Il en sera de même pour la protection des œuvres photographiques mentionnées dans le n° 1, lettre *b*, du Protocole de clôture modifié.

BERLIN 1908. — ART. III. — La présente Convention s'applique aux œuvres photographiques et aux œuvres obtenues par un procédé analogue à la photographie; les pays contractants sont tenus d'en assurer la protection. »

L'article 7 dernier paragraphe « …… Pour les œuvres photographiques et les œuvres obtenues par un procédé analogue à la photographie, pour les œuvres posthumes, pour les œuvres anonymes ou pseudonymes, la durée de la protection est réglée par la loi du pays où la protection est réclamée, sans que cette durée puisse excéder la durée fixée dans le pays d'origine de l'œuvre. »

aussi en ceux où il n'existe pas de législation du tout du droit d'auteur, une précision indispensable s'impose.

Et nous devons apporter notre effort, pour que l'article III de la Convention revisée à Berlin : *La présente Convention s'applique aux œuvres photographiques et aux œuvres obtenues par un procédé analogue à la photographie. Les pays contractants seront tenus d'en assurer la protection*, devienne un acte effectif.

Nous allons donc passer rapidement en revue les différents modes d'appréciations qui ont été émis sur la question, indiquer les solutions qui nous semblent équitables, puis proposer à votre sollicitude, pour une plus nette répartition des droits et des devoirs, un vœu que chacun voudra appuyer en son pays pour aussi rapidement qu'il se pourra le transformer en un fait accompli.

Il nous faut en premier lieu examiner, si, ce qui en vérité serait le plus simple, il y a uniquement à demander que la photographie soit nommément désignée à la suite des mentions relatives aux différents arts : peinture, gravure, sculpture, par la simple adjonction de « et la photographie ».

Les textes des Conventions de Berne, Paris, Berlin, aussi

NOTE B. — **Congrès internationaux des Éditeurs.**

I. — PARIS. — Juin 1896.

ART. 19. — Dans chaque pays, quelle que soit la législation particulièrement applicable aux œuvres photographiques, toute photographie insérée dans une publication doit participer à la durée de protection accordée à ladite publication.

ART. 20. — La propriété de tout cliché photographique commandé par un éditeur pour l'illustration d'un ouvrage quelconque appartient à l'éditeur qui a le droit exclusif de s'en servir et même d'en disposer sauf convention contraire avec l'auteur de l'ouvrage.

III. — LONDRES. — Juin 1899.

ART. 62. — Le Congrès estime que le dessin commandé par un éditeur à un artiste pour l'illustration d'une publication doit, à moins de stipulations contraires, rester la propriété de l'éditeur.

IV. — LEIPZIG. — Juin 1901.

ART. 106. — Le Congrès décide de charger le Bureau permanent de s'adresser aux Gouvernements en vue de réaliser le postulat suivant :

Lors de l'élaboration future de nouvelles lois intérieures, il y a lieu de travailler autant que possible à l'uniformité internationale de la protection du droit d'auteur et du droit d'édition.

ART. 107. — Le Congrès décide de charger le Bureau permanent de s'adresser aux Gouvernements en vue de réaliser le postulat suivant :

Il y a lieu de modifier ou de régler à nouveau dans les lois intérieures, le plus vite possible, le droit d'auteur et le droit d'édition par rapport aux œuvres des arts figuratifs et aux œuvres photographiques, conformément à l'évolution moderne des procédés techniques et des principes juridiques.

bien que les vœux émis par les divers Congrès d'éditeurs, ne nous permettent en aucune façon de croire, que l'assimilation pure et simple de la photographie aux œuvres d'art, ait été envisagée en ces réunions, s'imposant comme une vérité irréfutable, intangible; bien au contraire, puisqu'il a été reconnu utile d'en faire l'objet d'un article spécial, L'article III de la Convention révisée à Berlin qui stipule : « *Les pays qui reconnaissent le caractère artistique à la photographie et ceux qui lui accordent une protection à un titre quelconque, s'obligent à la lui maintenir; et ceux dans lesquels une protection quelconque n'existe pas, sont invités à définir cette protection par une loi.* »

Cet article est net, il précise les trois situations de l'œuvre photographique dans les divers pays et conclut par la nécessité à la protéger.

Nous ne mettrons pas, après de si hautes autorités, en question le fait du droit de la photographie à être protégée, mais nous chercherons à définir cette protection, nous établirons à qui il appartient d'être sauvegardé, par quel mode et pendant quelle durée.

Note C. — **Congrès de photographie.**

Les résolutions du Congrès de Photographie de 1889 complétées en 1891 disent :

« En vue de provoquer l'adoption de dispositions législatives uniformes, dans les différents pays, pour protéger la propriété artistique des œuvres photographiques, le Congrès émet le vœu que les œuvres photographiques soient protégées par les mêmes lois qui protègent ou protégeront les œuvres artistiques et les œuvres intellectuelles.

» Il adopte comme base de législation à adopter, les résolutions suivantes :

» 1° Le droit de propriété du cliché photographique est distinct du droit d'emploi de ce cliché ;

» 2° A défaut de convention spéciale, le cliché appartient à la personne qui l'a exécuté ou fait exécuter ;

» 3° En matière de portraits, le photographe ne pourra tirer aucune épreuve du cliché sans le consentement du modèle ou de ses ayants droit. Ceux-ci ne pourront contraindre, quelque prix qu'ils en offrent, le photographe à leur livrer le cliché, mais ils pourront en exiger la destruction moyennant indemnité ;

» 4° Les mêmes droits appartiendront à l'acheteur en ce qui concerne les photographies commandées.

» Le Congrès émet le vœu de voir la législation relative au droit d'auteur en matière de photographie, établir, d'une façon incontestable le droit de reproduction pour les tiers, de tout document photographique dont l'auteur ne se serait pas réservé lui-même ce droit par une déclaration administrative préalable. Ce vœu sera transmis au Bureau International de la Propriété Artistique et Littéraire à Berne. »

Congrès des Maîtres Imprimeurs de France (Juillet 1911).

Vœu.— Limitation du délai de protection à dix ans après la première publication avec imposition du dépôt légal et l'apposition sur l'œuvre elle-même d'une marque ou signature.

Nous sommes ainsi tout d'abord conduits à poser une fois de plus cette question : La photographie est-elle un art? La photographie est-elle un art graphique? A-t-elle une valeur différente de celle accordée aux arts graphiques? En ce cas, comment l'apprécier et lui faire sa part de justice?

Ce problème a déjà fait couler des flots d'encre, la bibliographie des notes, fascicules, conférences ou volumes consacrés à cette appréciation, et pour la plupart naturellement formés de plaidoyers *pro domo*, constitue une table fort imposante; nous ne pouvons citer, nous grouperons, si vous le voulez, leurs conclusions dans les trois types en lesquels ils se résument. Les uns disent : La photographie est un art, c'est, de plus, un art graphique, car c'est un art qui crée des images et des formes. D'autres déclarent : La photographie, un art? C'est uniquement un procédé utilisant les lois physiques et chimiques qui régissent l'action de la lumière sur différents corps.

D'autres, enfin : La photographie, par les phases de sa production, est une industrie chimique et non un art; nous vous concédons que les œuvres de MM. Adams, Anderson,

---

NOTE D. — Ce Congrès comportait environ 350 membres et était patronné par des personnalités importants de : la Royal Photo Société de Londres; la Photographie italienne; la Photographie pratique de Barcelone; l'Union nationale des Sociétés photographiques de France; la Société photographique italienne; l'American photographe; Syndicat des fabricants et négociants de la Photographie de Paris; Club artistique de Bruxelles; Chambre syndicale française de la Photographie, ainsi que par de nombreux professeurs d'académies, d'universités, de facultés, allemandes, américaines, anglaises, autrichiennes, belges, françaises, hollandaises, italiennes, portugaises et des amateurs photographes dont les œuvres sont l'honneur de ce procédé.

Les présidents des Sections étaient :

SECTION I. — M. Carpentier, membre de l'Institut, président de la Société française de Photographie.

SECTIONS II ET III. — Le Général Sébert.

L'on ne saurait donc arguer que les décisions de ce Congrès, l'appréciation qu'il a fait des droits de la photographie aient été émises à la légère par des personnes non compétentes. La Section III, chargée notamment de l'étude de la législation en matière photographique, après discussions, a décidé que son bureau procéderait à une rédaction définitive du texte des résolutions adoptées et ce rapport officiel est le suivant :

CHAPITRE V. — SECTION III.

5. — *Législation de la photographie.*

51. — LOIS NATIONALES ET CONVENTIONS INTERNATIONALES. — Il y a lieu d'organiser le régime juridique de la photographie d'après les bases suivantes :

1° Détermination de ce régime d'une manière spéciale et distincte dans les législations nationales et dans les conventions internationales. Les questions photographiques, en effet, sont de nombre, d'étendue et de complexité croissants et il y a

Barnett, Boissonas, Bucquet, Craig Annam, Demachy, Cooks, Farini, Horsley Hinton, Holding, Hugo Henneberg, Karl Kreger, Kuhn, Masquell, Puyo, Lebègue, Mirandi, Tyskiewiez, Ruytler, celles de Mlles Buehrmann, Laguarde, Massue, Mme d'Ora, d'autres encore, présentent des allures artistiques, sont des œuvres dignes d'intérêt, mais ce sont là des exceptions individuelles derrière lesquelles ne saurait s'abriter l'ensemble considérable d'une nombreuse production.

Examinons à notre tour ces appréciations :

Dire la photographie est un art est vite fait, mais en réalité, qu'est-ce que cela veut dire? Il y a art et art; il y a les arts libéraux, les arts mécaniques, les arts chimiques et aussi ceux que crée l'appellation courtoise donnée à tout travail effectué par un artisan avec maîtrise dans son métier.

Doit-on dire l'art de la photographie? Pourquoi non? Cela n'engage à rien en vérité.

Mais l'on ne se contente point de dire : La photographie est un art, l'on précise et l'on dit : La photographie est un art graphique, car c'est un art dont les adeptes créent des lignes, créent des formes.

Que veut-dire créer, en art? Lamennais a dit : « C'est donner à une idée préexistante, une forme extérieure qui affecte les sens. » Et d'autre part, créer, en industrie, c'est transformer une ou des matières en leur donnant une valeur manufacturière.

---

impossibilité de solutionner ces questions par la seule assimilation des travaux photographiques aux œuvres artistiques;

2° Droit privatif accordé à l'auteur sur l'œuvre photographique en conformité avec les résolutions des Congrès de 1889 et 1891 sauf les additions et modifications dites ci-après;

3° Distinction à établir entre deux ordres d'œuvres photographiques : celles qui ont un caractère objectif, scientifique, documentaire, et celles qui impliquent de la part de l'auteur un choix ou un arrangement qui les range parmi les œuvres de création imaginative.

Si la personnalité de l'auteur justifie un droit privatif étendu pour les œuvres de cette seconde catégorie, l'extension du droit social au contraire est justifiée pour celles de la première catégorie, et désirable à raison de l'utilité de la diffusion et de la meilleure mise en œuvre des documents photographiques par la science, la technique et l'enseignement;

4° Faculté d'abandon par l'auteur au domaine public de l'exercice de son droit privatif; présomption de cet abandon à défaut d'une manifestation extérieure de la volonté de réserver cet exercice.

Formes de cette manifestation de volonté une marque de réserve apposée sur

Quels sont les arts auxquels une protection spéciale a été réservée ? Ce sont ceux dont les œuvres sont dues à l'esprit humain, œuvres pour la création desquelles, si l'on en excepte la littérature, il est nécessaire en dehors d'études esthétiques, d'un long labeur pendant de longues années, d'un pénible apprentissage technique, sans parler du génie ou simplement du talent.

Les dessinateurs, graveurs, peintres, sculpteurs, créent de leurs mains les lignes et les formes ; s'ils ont recours en certains cas pour la matérialisation de leur création à des réactions chimiques, c'est uniquement pour transformer ce qui créé par leur pensée a d'abord été déterminé par leur main.

En est-il de même en photographie ? On ne peut l'objecter.

Le photographe ne peut faire impressionner une plaque sensible que par ce qui est devant l'objectif ; que, suivant son sentiment artistique, il dispose devant cet oculaire, des groupements plus ou moins rythmés, qu'il choisisse un éclairage plus ou moins favorable, il n'est que le maître de l'heure, il ne fait que reproduire mécaniquement ce qui en un certain temps, en un certain lieu, a existé.

J'entends fort bien que par le choix de l'objectif, celui de sa mise en place, l'on peut faire impressionner la plaque, uniquement par ce qui se trouve dans un champ plus ou moins étendu, mais une fois l'objectif adopté, sa mise en place déter-

---

l'œuvre et reproduite sur ses copies (par exemple un signe conventionnel international tel qu'un triangle ou une étoile dans un cercle) et, en outre, le dépôt légal de la photographie à titre de témoin, le dépôt dans le pays d'origine ayant force dans les autres pays.

52. — SOCIÉTÉS D'AUTEURS PHOTOGRAPHES. — Il est désirable de voir les auteurs photographes se grouper en Sociétés nationales pour l'exercice et la défense de leurs droits. Il est désirable que ces Sociétés prennent la forme de mutualités ; qu'elles établissent entre elles les liens d'une fédération internationale, que leur existence soit officiellement reconnue et que leur collaboration avec les organes chargés de l'exécution de la législation photographique soit prévue.

Il est désirable ausi que les Sociétés d'auteurs photographes fixent pour le droit de reproduction un barème de taxes usuelles ; s'il y a lieu à taxe exceptionnelle, ce fait sera signalé aux intéressés par une modification de la marque prévue aux décisions du Congrès pour l'indication de la réserve de l'exercice du droit de l'auteur. (Exemple : adjonction d'une croix au milieu du triangle.)

PARAGRAPHE 213, 2. — *Identification des photographies documentaires.* — Les documents photographiques doivent être accompagnés d'indications permettant de déterminer l'origine du document : nom d'auteur suivi d'un numéro ou des initiales de l'agence chargée de la gestion des droits d'auteur.

minée, tout ce qui est dans son champ viendra agir sur la couche sensible.

Je n'ignore pas que, une fois la plaque impressionnée par la lumière, on peut, par le choix et le dosage du révélateur, atténuer ou accentuer les valeurs relatives; que le développement terminé, l'on peut encore modifier des intensités soit par traitements chimiques locaux, soit par retouches au pinceau ou crayon et aussi, que parvenu au tirage des épreuves, par le choix du papier, celui du révélateur, d'habiles corrections, l'on peut encore pour ainsi parler, donner à chaque épreuve une allure qui lui soit propre, mais ce sont là toutes possibilités de modifications de transpositions de retouches; rien de plus.

Le créateur, le dessinateur, celui qui a modelé, c'est, comme le nom du procédé l'indique au reste : « Photographie » le soleil, la lumière; le photographe, l'opérateur comme l'on dit est l'artisan, le metteur en œuvre, le praticien, comme nomment les sculpteurs, celui à qui l'on confie une glaise ou un plâtre pour le répéter en pierre ou en marbre.

Le photographe ne crée pas plus que le praticien, que le mouleur, que le fondeur, que celui qui ébarbe le métal; comme eux il reproduit un modèle, il modifie, accentue, atténue ses diverses parties, il peut leur donner des patines diverses, cela n'est pas de la création.

On dit également, la photographie est une œuvre qui doit partie de son résultat au caractère, à la personnalité de son auteur : à ce titre encore c'est une création; c'est là un bien faible argument : nous ne songeons nullement à nier qu'un praticien photographe ayant une culture esthétique, un sentiment artistique affiné, puisse, en usant des multiples ressources dont nous avons parlé plus haut, assurer à ses œuvres des caractéristiques spéciales et des qualités, qui lui mériteront à bon droit d'être déclarées artistiques : mais est-il œuvre due à un artisan humain qui n'emprunte quelque chose à la personnalité et à la culture de son auteur? Cela ne me semble pas défendable.

La première question qui se posait à nous : la photographie est-elle un art et un art graphique? est ainsi résolue par la négative. Nous avons vu que la photographie était le résultat d'une série d'actions physiques et chimiques, mais aussi que pour pratiquer ce procédé avec maîtrise et produire des œuvres dignes vraiment d'intérêt, il était nécessaire de mettre en action des qualités diverses.

Nous pourrions peut-être avec quelque raison dire que parmi les œuvres photographiques, celles qui justifient le plus l'appellation d'artistiques, sont extrêmement rares d'une part et qu'encore parmi elles, il n'en est qu'exceptionnellement qui nous importent, que ce qui est intéressant au point de vue reproduction, au point de vue édition, c'est bien plutôt la photographie documentaire en ses diverses applications : l'être animé, les vues de paysages, de monuments, les reproductions d'objets d'art, les photographies scientifiques sous leurs multiples formes.

Nous pourrions refuser de comprendre toute l'œuvre photographique de valeur si diverse en un article unique, mais nous ne voulons pas nous engager dans cette voie où seraient disposés à nous entraîner un certain nombre de professionnels de la photographie, pensant ensuite abriter leur marchandise sous le pavillon qu'une jurisprudence appréciative habilement sollicitée sur des espèces soigneusement choisies semblerait avoir étendu sur l'ensemble de la photographie, en se basant sur des cas spéciaux; nous ne le pouvons, car nous nous mettrions en opposition avec l'article I, de la Convention revisée à Berlin :

« Les pays contractants sont constitués à l'état d'union pour la protection des auteurs. »

Nous devons donc nous abstenir de discuter la valeur relative de chacune des œuvres et porter notre étude sur une branche de l'activité humaine en son ensemble.

En toute équité nous dirons de plus en faveur des œuvres photographiques prises en bloc, qu'en dehors de celles dans lesquelles se perçoivent des qualités artistiques et qui sont plutôt des phénomènes d'exception, répondant si peu à ce que l'on entend en général par une photographie, que, si l'on veut dignement les louer on ne croit pouvoir mieux le faire qu'en les comparant à des dessins, à des aqua-teintes, à des eaux-fortes; en dehors de ces morceaux de maîtrise, il faut savoir reconnaître qu'il est un nombre considérable de clichés photographiques que rien à première vue ne signale à qui ne connaît la nature du document original, les conditions peut-être extrêmement défavorables de l'exécution, clichés dont l'obtention est le résultat de l'application d'une technique savante, de lourdes dépenses et quelquefois aussi de risques personnels. La vente d'une ou de quelques épreuves ne saurait indemniser ni rémunérer leur auteur et puisqu'il a en mains son cliché qui lui permet d'obtenir un nombre considérable d'épreuves, nous ne saurions admettre que le fait d'avoir acquis une simple épreuve comporte le droit de la reproduire, au risque d'amoindrir ou d'annuler la suite de la vente de l'auteur du cliché.

Nous conclurons donc sur ce point en disant : **LA PHOTOGRAPHIE ET LES PROCÉDÉS SIMILAIRES ONT DROIT A UNE PROTECTION SPÉCIALE.**

Il y a donc maintenant à examiner le second point, celui de la durée du droit de protection devant être accordé à la photographie.

Assurément cette durée doit être moindre que celle accordée aux œuvres des artistes créateurs, puisque nous avons démontré que leur mérite était différent et privé de la qualité caractéristique de celles-ci; il est inutile certainement d'expliquer d'un autre côté que la production de photographies même de bonne qualité, ne demande qu'un apprentissage fort rapide, ne nécessite aucune culture générale, représente enfin moins de dépenses préalables en temps et en argent que celles qui sont indispensables aux premiers balbutiements de la création dans un des arts libéraux. Si nous consultons les plus récentes législations sur la matière, nous constatons qu'elles ont fixé cette durée à cinq ou à dix années *(note E et tableaux annexés)*. Certes, ces

---

NOTE E. — **Législations récentes relatives à l'attribution du droit d'auteur.**

ALLEMAGNE. — Loi du 9 janvier 1907. — ART. 18. — Pour un portrait, celui qui en a fait la commande ou son ayant cause peut, à moins de conventions contraires, le reproduire pour son usage personnel.

Il est interdit d'apposer sur la reproduction le nom de l'auteur d'une manière qui puisse donner lieu à confusion.

déterminations, bien que variant du simple au double n'ont point été prises à la légère : leur différence doit provenir de la très grande et délicate difficulté qu'il y a, non à concilier les intérêts de la collectivité et ceux de l'individu, puisqu'ils sont opposés, mais à établir la durée à l'expiration de laquelle le particulier semble devoir être largement rémunéré de sa peine et où par suite la collectivité est en droit d'hériter de l'acquit dont il a augmenté le bien commun.

Les uns ont estimé qu'une durée de cinq années était suffisante pour permettre au photographe de recueillir les fruits de son travail ; que si en ce laps de temps il ne l'a point fait, les motifs d'ordre divers, qui l'en ont empêché subsisteront, et que priver plus longtemps la collectivité de l'acquisition de l'un de ses membres, serait sans raison d'être, cette acquisition n'ayant pu être réalisée que grâce à l'utilisation des résultats scientifiques et industriels, bien commun de notre civilisation.

Les législations qui ont porté à dix ans la durée de la protection ont pratiqué les mêmes recherches d'équité, mais ont estimé trop étroitement prévu le délai devant être imparti à l'auteur d'un cliché pour mettre son travail en valeur, l'ont jugé insuffisant en certains cas et pour ne point risquer d'entraver l'essor précieux de la photographie documentaire ont accordé une durée double à la protection.

ART. 26. — Le droit d'auteur sur une œuvre photographique prend fin dix ans à partir de la publication de l'œuvre.

La protection cesse dix ans après la vie de l'auteur si la publication n'a pas eu lieu de son vivant.

CHINE. — Loi du 18 décembre 1910. — La photographie est spécifiée comme une des formes d'œuvres auxquelles la protection est accordée. Aucun article spécial n'est consacré à la photographie, par suite art.

1° Le droit d'auteur exclusif en photographie appartient à l'auteur pendant dix ans, etc.

ART. 26. — Le droit d'auteur sur des œuvres produites sur commandes contre rémunération passe au commettant.

DANEMARK. — Loi du 6 mai 1911. — Quiconque a créé pour son compte un cliché photographique peut voir la reproduction en être interdite à quiconque pour dix ans.

Si la photographie a été faite sur commande pour un tiers, le consentement du tiers est nécessaire pour l'obtention de la réserve et aussi pour la vente.

PAYS-BAS. — Loi du 25 décembre 1912. — N'est pas considéré comme attentatoire au droit d'auteur sur un portrait, la reproduction faite par ou pour la personne représentée ou après son décès pour ou par ses proches ou avec leur consentement

C'est à cette mesure de haute prévoyance que nous vous demanderons de vous rallier en acceptant : une **DURÉE DE PROTECTION DE DIX ANNÉES.**

Une plus grande extension de la protection augmenterait inutilement les risques de perte pour la collectivité du document acquis. Il est certes impossible d'avoir une idée du nombre de témoins authentiques de premier ordre qui ont disparu ou sont resté inutilisés et ont cependant été ou sont entre les mains d'artistes, de savants, d'écrivains qui ne peuvent les utiliser étant dans l'impossibilité de connaître et leur propriétaire et leur date d'origine.

Une exception doit cependant être prévue, exception relative aux œuvres photographiques publiées par procédés mécaniques en albums ou volumes accompagnées de tables ou de notes ainsi qu'à celles faisant partie d'œuvres littéraires.

Certaines personnes pensent qu'il n'y a là, rien à spécifier, un axiome de droit étant *accessorium sequitur principale* (l'accessoire suit le principal). Nous ne partageons pas leur optimisme, il nous semble qu'il y aurait ainsi une porte ouverte à l'interprétation, qu'en bien des cas il y aurait matière à appréciation délicate et qu'une précision est préférable.

Je demanderais donc qu'il soit spécifié que : **LES ŒUVRES PHOTOGRAPHIQUES PUBLIÉES PAR PROCÉDÉS**

---

dans un journal ou un recueil périodique. Lorsqu'un portrait est fait sans ordre donné par ou pour la personne représentée, l'auteur jouit de ses droits avant et après la mort du sujet, à moins que celui-ci ou ses héritiers n'aient intérêt légitime à s'y opposer.

Durée du droit d'auteur photographe cinquante ans après parution.

RUSSIE. — Loi du 12 avril 1911. — L'acquisition, en vente publique, d'œuvres photographiques ne donne pas droit d'auteur sur ces œuvres.

Le droit d'auteur appartient au photographe et a une durée de dix ans.

En ce qui concerne les portraits et autres photographies, exécutées sur commande, le droit d'auteur appartient à celui qui a fait la commande.

RUSSIE. — 12 avril 1911. — ART. 60. — Obligation pour jouir du droit d'inscrire sur chaque épreuve :

a) La firme, le nom et le domicile de l'auteur;

b) L'année du tirage.

DANEMARK. — Loi du 6 mai 1911. — ART. 1er. — . . . . apposition du nom et de la mention « tous drois réservés (eneberettiget) » sur chaque exemplaire.

CHINE. — 18 décembre 1910. — ART. 4. — Jouissent de la protection les œuvres enregistrées.

RUSSIE. — 12 avril 1911. — ART. 61. — Le droit d'auteur est porté à 20 ans si

MÉCANIQUES EN ALBUMS OU VOLUMES ACCOMPAGNÉES DE TEXTES DESCRIPTIFS OU EXPLICATIFS AINSI QUE CELLES ACCOMPAGNANT UN TEXTE SOIENT ASSIMILÉES A CE TEXTE ET JOUISSENT DE LA PROTECTION QUI LUI EST IMPARTIE.

Ayant réclamé pour la photographie une protection limitée avec retours au fonds commun, la simple logique nous oblige à exiger que l'œuvre photographique soit astreinte à remplir certaines formalités, pour bénéficier de la protection qui lui serait accordée. Nous voulons ces formalités ou obligations aussi simples et aussi peu onéreuses que possible; aussi simples afin que nul ne puisse arguer de leur complication pour s'y soustraire; aussi peu onéreuses pour que personne, soit parmi ceux qui éditent de nombreux clichés, soit parmi ceux qui en éditent quelques-uns seulement, puisse arguer de la charge imposée pour se soustraire à l'obligation.

Ce désir de simplification m'a conduit à l'abandon de l'obligation du dépôt légal, dépôt imposé actuellement par certaines législations, que moi-même estimais autrefois nécessaire à cause de la garantie parfaite qu'il apporte.

Le dépôt légal en un ou plusieurs exemplaires s'adapte parfaitement à une édition obtenue par un procédé d'impression mécanique, parce que celle-ci s'effectue forcément à un certain nombre d'exemplaires et est le résultat obtenu normalement

---

les œuvres photographiques sont publiées sous la forme d'un recueil ou séries de copies....

Le droit d'auteur sur les œuvres photographiques faisant partie intégrante d'une œuvre littéraire même sous forme d'annexe se continue pendant toute la durée du droit littéraire.

DANEMARK. — La loi sur la photographie du 6 mai 1911 est muette au sujet des publications photographiques non isolées.

Mais la loi du 1er avril 1912 sur la propriété littéraire et artistique dit paragraphe 31 : « La reproduction d'œuvres d'art pour expliquer un texte publié simultanément avec la reproduction dans des ouvrages critiques ou historiques des beaux arts, etc., n'est pas considérée comme reproduction illicite, le nom de l'artiste doit obligatoirement être toujours indiqué.

PAYS-BAS. — Loi du 25 septembre 1912. — ART. 19. —. . . . . N'est pas considérée comme une atteinte au droit d'auteur, la reproduction dans un journal ou recueil périodique d'un portrait photographique si cette reproduction est faite par ou pour la personne mentionnée dans l'article ou après son décès par ou pour ses proches à la condition que lesdits portraits originaux aient été à la suite d'un ordre donnés à l'auteur par ou pour les personnes représentées

par un groupement, groupement obligé pour son existence même à de fréquents rapports avec des agglomérations importantes pourvues de centres administratifs; le coût de ou des exemplaires de dépôt est donc insignifiant, leur remise aux autorités facile.

Il n'en va pas de même pour la photographie, ici le tirage se fait, sauf de rares exceptions, à la main, lentement et par suite de façon onéreuse; le matériel sommaire, nécessaire au praticien, lui permet fréquemment de travailler seul, produisant en bien des cas dans des pays relativement peu habités. Les clichés dont il est tiré un nombre sérieux d'épreuves sont relativement rares, le tirage se fait au fur et à mesure de la vente, le nombre des clichés effectués est considérable; naturellement ce sont les clichés réussis commercialement qui portent les frais afférents à tous les autres. Alourdir les frais de chaque cliché exécuté, d'une somme quelque faible soit-elle, serait surcharger lourdement le coût du cliché bon commercialement. Si le dépôt légal est exigé, les grandes firmes seules le pratiqueront et encore bien irrégulièrement et non les petites maisons, les solitaires à ressources restreintes; ceux-ci se verront alors privés de toute protection. L'on aboutira donc à une protection injuste, puisque pratiquement, elle sera réservée à certains, non en raison de leur mérite, mais simplement du fait de leur situation financière.

L'on invoque bien, pour justifier le dépôt légal, la formation d'une sorte de musée documentaire; je ne suis pas certain de la possibilité pratique d'un semblable musée, j'entends par là, de la possibilité de mettre de façon certaine des épreuves photographiques à l'abri de l'altération qui résulte pour elles de la continuité de réactions même en dehors de l'air, réactions dues à des éléments insuffisamment éliminés et suis convaincu d'un déchet fort important, en un temps bref, et encore, comment un semblable musée pourra-t-il devenir un instrument de travail?

Nous ne demanderons donc pas le dépôt légal pour la photographie comme il est exigé aujourd'hui des impressions et gravures, il restera pour elle, ce qu'il est aujourd'hui, c'est-

**

à-dire uniquement comme affirmatif de propriété. Mais nous estimons qu'il faut, de toute nécessité, créer l'obligation, pour l'auteur d'une photographie, de se faire connaître clairement, ainsi que la date de publication de son œuvre.

Qu'il y a nécessité qu'une sorte de fiche signalétique soit appliquée sur chaque épreuve, cette fiche devant porter :

1° L'indication du pays d'origine;

2° La mention que le photographe entend réserver ses droits;

3° Le nom de l'auteur ou sa firme.

4° Son adresse dans le pays.

A ces indications, il pourrait être joint facilement :

5° La spécification que l'auteur déclare se substituer, pour traiter de droits de reproduction, une société d'auteurs; ou, qu'en aucun cas il ne concède de droits; ou encore que la Société d'auteurs peut traiter, mais à un prix spécial.

L'énumération de ces diverses indications est longue, elles sont en réalité fort simples à mentionner.

Les mentions 1 et 2 peuvent être données uniquement par une lettre entourée ou non d'un cercle, le C des États-Unis en est un parfait exemple, la lettre E est prise par le Danemark, il reste encore vingt-trois lettres disponibles dans l'alphabet.

Le nom de l'auteur ou sa firme ainsi que l'adresse peuvent aisément se donner en deux brèves lignes ou par un signe ou marque déposé à un centre spécial. Pour la cession des droits, elle serait facilement indiquée, comme il a été proposé : 1° au moyen de deux cercles concentriques pour notifier une réserve absolue; 2° par un cercle circonscrit à un triangle pour signaler que la Société d'Auteurs photographes est autorisée à céder le droit à un tarif usuel; 3° par un cercle croisé de deux diamètres perpendiculaires pour indiquer que le droit peut être cédé après entente spéciale.

Ce petit passeport serait donc extrêmement simple et faciliterait de façon considérable les transactions au bénéfice de tous.

Il nous reste maintenant à examiner pour avoir étudié les plus importantes questions soulevées par l'établissement d'une protection de l'œuvre photographique, à qui doit être attribuée cette propriété, c'est-à-dire le droit de tirer des épreuves directes ou indirectes, de faire des reproductions agrandies ou réduites par un procédé ou un autre; les législations récentes sur ce point (*note D)* ont apporté de profondes modifications à ce qu'avaient admis les usages antérieurs.

Rappelons brièvement ce qu'étaient et sont encore en nombre de pays ces habitudes; il doit s'entendre que nous ne parlons aucunement des clichés d'édition, vues, œuvres d'art où portraits, ce sont là des résultats d'opérations commerciales entreprises à leurs risques et périls par les photographes, ils ont le droit incontestable et incontesté de les conduire comme il leúr semble bon, à la seule condition qu'en cas de portrait, le rachat du cliché et par suite la suppression de l'édition correspondante puisse, moyennant dédommagement, être exigée; mais une transaction de cet ordre, si elle n'est point obtenue à l'amiable, ne pourra en tout cas s'effectuer qu'avec le concours de la justice, car il y aura lieu à estimation d'espèces, une législation ne peut intervenir que comme attribution de juridiction, ce qui ne nous concerne pas.

Le cas dans lequel il est donné commande à un photographe d'un cliché, vue, objet d'art, pièce scientifique ou industrielle, n'est point non plus en question, ils ne fait et ne peut faire l'objet d'aucune discussion, l'on commande un cliché et un certain nombre d'épreuves et l'on est livré de son ordre qui en général a été correctement spécifié.

Il n'en est pas de même en cas de portrait commandé, il s'est établi en cette espèce une coutume qui a tout lieu de surprendre, coutume unique dans les transactions si nombreuses et si diverses qui interviennent entre les hommes. Comment, à une époque où depuis plus d'un siècle se développent et s'affirment les droits de l'individu, peut-il être admis, que, s'adressant à un industriel, disons un artiste industriel si l'on veut, lui commandant, moyennant bonnes espèces, de prendre (comme l'on dit) votre portrait, d'une part, il ne vous soit remis que partie du travail effectué, d'autre part, l'on ne vous livre que partiellement ce que l'on vous remet, puisque l'on vous en interdit certains usages; et bien plus, cette opération devient tout à fait surprenante, si l'on considère que l'objet de cette transaction est une sorte d'émanation de vous-même, émanation caractéristique dont le propre est essentiellement privatif. Comment expliquer qu'une semblable coutume si particulière en nos mœurs ait pu s'établir.

Pour y essayer il faut se reporter aux débuts de la photographie, à l'émerveillement avec lequel furent accueillies les découvertes de Daguerre, de Niepce et de Talbot à un moment où n'étaient même point soupçonnées les merveilleuses conquêtes de la science qui aujourd'hui permettent de transmettre la pensée d'un point à l'autre du globe sans autre véhicule que l'atmosphère, de distribuer force et lumière par un simple fil de métal et qui demain fera lever la tête aux tout petits seulement pour admirer un homme se mouvant à sa volonté dans les airs.

Mais vers 1840 la vapeur était à ses débuts, les chemins de fer n'existaient pas encore et la nouvelle découverte s'auréola d'un peu de mystère; le culte du soleil avait disparu depuis de longs siècles et il lui survenait des grands prêtres, des hommes qui par des artifices à eux seuls connus obligeaient la lumière à reproduire l'image humaine.

Le photographe bénéficia de la sorte de pouvoir occulte dont on l'auréolait et imposa les conditions sans lesquelles il ne pouvait ni ne voulait accomplir ses rites; il disposait d'une situation exceptionnelle, il en profita; nous n'avons pas à l'en blâmer, mais nous avons le droit de lui dire : nous ne sommes plus en 1840, nous savons les lois qui régissent les transformations qui s'opèrent sous votre direction; actuellement vous ne préparez même plus les plaques sensibles, elles vous sont livrées par les chimistes, prêtes à l'emploi; vous êtes un industriel, industriel d'ordre spécial peut-être, ayant plus que d'autres besoin du sentiment esthétique mais c'est là tout. Nous nous adressons à vous pour exécuter un travail ressortissant à votre industrie, nous voulons que ce travail nous soit livré en toute propriété. Nous n'admettons pas comme vraisemblable que le prix que nous vous réglons ne corresponde qu'à une partie du travail que vous avez exécuté sur notre ordre et que votre juste salaire ne vous sera versé que dans le cas où nous vous demanderions de nouvelles épreuves, ce à quoi nous ne nous sommes pas engagés. Si aujourd'hui encore nous estimons bon que le cliché reste en vos mains, c'est parce qu'il est constitué sur un support fragile, d'une couche sensible, délicate, portant souvent des retouches, il y a là un ensemble peu maniable, qu'un manque de soins peut altérer ou détruire, nous vous en confions la garde, non, parce que nous considérons qu'il est votre propriété, mais parce que nous sommes ainsi placés dans les meilleures conditions pour obtenir s'il nous convient de nouvelles épreuves; au reste, vous reconnaissez déjà qu'il ne vous appartient pas puisque jamais n'a été discuté le droit pour vous d'en tirer des épreuves sans notre ordre ou notre autorisation. Cette garde que nous vous confions et pour laquelle vous n'encourez pas de responsabilités vous risquez en être largement rémunérés si nous vous demandons de nouvelles épreuves.

Telle est, à notre avis, la logique et vraie explication du dépôt sans garantie de conservation entre les mains du photographe du cliché qui lui a été payé. Il n'y a là rien qui implique une sorte de propriété contraire à toutes les idées admises en matière de propriété, de vente, de travail sur ordre. Et encore, pour cette précision, n'avons-nous pas fait entrer en compte le caractère très spécial de la marchandise que l'on a acquise, marchandise d'ordre exceptionnel, puisqu'elle comporte un ensemble de caractéristiques propres à une personnalité et à elle seule, caractéristiques non créées par l'opérateur, puisqu'elles sont l'individualité même du sujet. Le cliché est donc en dépôt, rien de plus. On a mal qualifié un fait simple en lui-même, on a conclu de ce que le photographe était garde du cliché qu'il en était propriétaire, mais propriétaire sans usufruit, et que cet usufruit n'appartenait non plus à la personne représentée, puisqu'elle n'avait point le droit de disposer de son image de façon complète.

Il y a vraiment là un fait anormal, qu'au reste ont fait disparaître les législations nouvelles en la matière en déclarant qu'**EN CAS DE PORTRAIT SUR COMMANDE, LA PERSONNE REPRÉSENTÉE A LE DROIT D'UTILISER LES ÉPREUVES EN SES MAINS, LE DROIT DE REPRODUCTION DE CES ÉPREUVES AYANT ÉTÉ ACQUIS PAR ELLE EN SOLDANT LA COMMANDE.**

Nous vous demanderons de vous rallier à cette manière de voir qui est sage, simple et conforme à tout le droit moderne en matière de propriété.

Pour terminer nous devons prévoir qu'une loi fixant le droit net et précis attribué à un procédé dont l'emploi est courant, qui fait l'objet de transactions nombreuses, loi qui, pour faire bénéficier les produits, les oblige à remplir certaines conditions de présentation, ne peut, sans dommage, être appliquée brutalement et qu'il doit être prévu une large période transitoire entre la publication de la loi nouvelle et son application.

Il semble qu'un **DÉLAI DE CINQ ANNÉES** soit largement suffisant à ce but; les éditeurs photographes n'imprimant jamais à l'avance de gros tirages de leurs clichés, écouleraient facilement, pendant ce délai, les épreuves imprimées à l'avance et utiliseraient les clichés exécutés.

Un article de la loi devra stipuler que **PENDANT LA PÉRIODE TRANSITOIRE, TOUTES ÉPREUVES PHOTOGRAPHIQUES MISES EN VENTE PORTANT OU NON LES MENTIONS DE RÉSERVE STIPULÉES, SERONT RÉPUTÉES RÉSERVÉES JUSQU'A LA FIN DE CETTE PÉRIODE** et que, sans autorisation de l'auteur, il n'en pourra être fait reproduction.

Si, Messieurs, nos explications et nos observations vous semblent correspondre à la solution équitable, souhaitée de tous, pour clore une ère de difficultés et de surprises, où la bonne foi trop souvent est traitée en pirate, vous voudrez adopter nos conclusions et en faire l'objet d'un vœu que la haute autorité qui s'attache à vos décisions imposera à l'attention des législateurs.

CONCLUSIONS

En application de l'article III de la Convention de Berne revisée à Berlin *Les pays contractants étant tenus d'assurer la protection de la photographie* il'est demandé à ceux d'entre eux n'ayant pas de législation sur la matière, de mettre dans le plus bref délai cette question à l'étude et qu'il plaise aux législateurs de prendre pour base de leurs décisions les articles suivants :

I. — Les œuvres obtenues par la photographie ou par un procédé ayant la photographie pour élément essentiel jouissent pendant dix ans du droit d'auteur.

II. — Lorsque les œuvres photographiques seront publiées sous forme d'albums ou de volumes, accompagnées ou accompagnant un texte littéraire, artistique ou historique, la protection de ces œuvres sera celle impartie à ce texte.

III. — Le droit d'auteur appartient à celui qui a fait le cliché ou si le cliché a été fait sur ordre, il appartient à qui l'a commandé.

IV. — En matière de portrait le droit de conserver le cliché appartient à celui qui l'a fait, le droit de reproduire les épreuves appartient à celui qui les a commandées.

V. — Pour s'assurer la jouissance du droit d'auteur celui qui veut l'exercer doit inscrire sur chaque épreuve, l'année du premier tirage, le pays d'origine, son nom ou son adresse ou un signe correspondant à un répertoire international.

VI. — Une période transitoire de cinq années est accordée aux auteurs photographes pour munir leurs épreuves des mentions de réserve, cette période débutant au jour de promulgation de la loi. Pendant cette période toutes les épreuves en circulation seront considérées comme munies de la réserve et toute reproduction en sera interdite jusqu'à l'expiration de ladite période.

TABLEAU

DE LA

Législation Internationale et Intérieure

DES DIVERS ÉTATS

AU POINT DE VUE DE LA

Protection des Œuvres Photographiques

EN

AVRIL 1913

PAYS	ADHÉSIONS aux CONVENTIONS INTERNATIONALES DE :	LÉGISLATION INTÉRIEURE RELATIVE A LA PROTECTION DES ŒUVRES PHOTOGRAPHIQUES	OBSERVATIONS
ALLEMAGNE et ses pays de protectorat	BERNE 1886. — PARIS 1896. BERLIN 1908. Sans aucune réserve.	*Loi du 9 janvier 1907.* — Relative à la photographie. — Législation antérieure abrogée du 9 janvier 1876. Durée de la protection : 10 ans après la publication. — 10 ans *post mortem* si l'œuvre est posthume. ART. 3.— Sont considérées comme photographies les œuvres exécutées par des procédés analogues. ART. 18. — En cas de portraits commandés, celui qui a donné l'ordre ou son ayant droit peut reproduire. Avec la France, Convention d'avril 1897.	*Loi du 9 janvier 1876.* — Qui assignait 5 ans à la durée de la protection et en son article 5 disait : toute reproduction d'une édition originale doit porter sur l'image ou le carton, le nom ou firme de l'auteur, son domicile et l'année de publication à peine de déchéance du droit.
RÉPUBLIQUE ARGENTINE	*Néant.*	*Loi du 24 septembre 1910.* — Sur la propriété artistique, spécifie la photographie dans les œuvres protégées (art. 2) et (art. 5), limite cette propriété à la vie de l'auteur et 10 ans *post mortem.* ART. 11. — Justification des formalités exigées par la loi dans le pays de l'auteur. Avec la France convention de 1897; loi Clemenceau septembre 1910.	
AUSTRALIE	BERNE 1886. Acte de PARIS 1896.	*Le 13 octobre 1912.* — Décrète l'adoption de la loi du 16 décembre 1911 de la Grande-Bretagne.	
AUTRICHE	*Néant.*	*Loi du 26 décembee 1895.* – Durée de protection pour le cliché : 10 ans ou 10 ans après la première publication. — Nécessité d'enregistrement dans les trois premiers mois de la publication. Convention avec la France du 11 décembre 1866.	
BELGIQUE	BERNE 1886. — PARIS 1896. BERLIN 1908. Sans aucune réserve.	*Loi du 22 mars 1886.* — Ne spécifie pas la photographie, l'appréciation appartient aux tribunaux.	
BOLIVIE	*Néant.*	*Loi du 29 octobre 1909.* — Loi énonciative, ne nomme pas la photographie; la durée de protection est de 30 ans *post mortem*; la formule de la loi porte : et autres œuvres artistiques. Cette loi exige de nombreux dépôts. Avec la France, Convention du 8 septembre 1887.	
BRÉSIL	Le 31 décembre 1912, une loi votée par le Sénat constituait adhésion à la Convention revisée à Berlin, mais elle a été repoussée par le Gouvernement. *Néant.*	*Loi n° 2577, 17 janvier 1912.* — Loi non énonciative, mais ne signifie rien puisqu'elle n'est applicable qu'au cas d'adhésion aux Conventions internationales. Une loi intérieure du 1er août 1898, avec règlement d'application du 6 décembre 1899 indiquait la photographie parmi les œuvres protégées.	
BULGARIE	*Néant.*	Aucune législation; l'article 373 du Code pénal punissant la contrefaçon, ne spécifie pas s'il peut y avoir contrefaçon en matière de photographie.	
CANADA	BERNE et Acte de PARIS 1896.	*Loi 1886 modifiée en juillet 1900.* — S'applique uniquement à la propriété littéraire. Le code est actuellement en voie de revision.	

PAYS	ADHÉSIONS aux CONVENTIONS INTERNATIONALES DE :	LÉGISLATION INTÉRIEURE RELATIVE A LA PROTECTION DES ŒUVRES PHOTOGRAPHIQUES	OBSERVATIONS
CHILI	*Néant.*	*Loi du 24 juillet 1834.* — Ne mentionne par suite pas la photographie.	
CHINE	*Néant.*	*Loi relative au droit d'auteur 18 décembre 1910.* — Enonce la photographie obligation de dépôt. Durée de la protection : 10 ans.	
COSTA-RICA	*Néant.*	*Loi de 1896.*— Ne mentionne pas la photographie, mais indique les œuvres littéraires, artistiques ou scientifiques, quel que soit le moyen de les faire paraître. Justification d'accomplissement des formalités du pays d'origine uniquement nécessaire. Convention avec l'Espagne, 14 novembre 1893; avec la France, 28 août 1896.	
CUBA	*Néant.*	A maintenu la loi espagnole du 10 janvier 1879 dont le texte est non énumératif. Règlement du 3 septembre 1880. — Dépôt de trois exemplaires accompagnés de certificats notariés. Avec la France, convention en souffrance depuis juin 1904.	
DANEMARK	BERNE, PARIS et BERLIN. Sauf réserve relative aux articles de journaux.	*Mai 1911.* — Consacrée aux œuvres photographiques; durée de protection : 10 ans moyennant une déclaration et l'apposition d'une mention. Ordonnance du 26 juin 1912 relative à la photographie réservait la protection aux photographies étrangères à partir du 1er juillet 1912.	
ESPAGNE	BERNE, PARIS, BERLIN. Sans réserve.	*Loi du 10 janvier 1879.* — Règlement du 3 septembre 1880, la photographie est comprise parmi les œuvres protégées. — Durée de la protection : vie de l'auteur et 80 ans *post mortem* ; si la propriété a été cédée, le droit cesse 25 ans après la mort de l'auteur et retourne aux héritiers pour une période de 25 ans. Avec la France, Convention du 16 juin 1880.	
ÉTATS DE L'AFRIQUE	*Néant.*	Aucune législation.	
ÉTATS DE L'ASIE	*Néant.*	Aucune législation.	
ÉGYPTE	*Néant.*	Aucune législation. Uniquement la jurisprudence des tribunaux mixtes basée sur l'équité.	
ÉQUATEUR	*Néant.*	*Loi du 15 août 1887.* — Loi énumérative, ne nomme point la photographie. — Aucune formalité sauf preuve de protection dans le pays d'origine. Convention avec la France, mai 1898 et juillet 1905.	

PAYS	ADHÉSIONS aux CONVENTIONS INTERNATIONALES DE :	LÉGISLATION INTÉRIEURE RELATIVE A LA PROTECTION DES ŒUVRES PHOTOGRAPHIQUES
ÉTATS-UNIS D'AMÉRIQUE	*Néant.*	*Loi du 4 mars 1909.* — Comporte la photographie, mais exclut les photogravures, de même que tous objets ayant un but utilitaire. — Mention du *copyright.* — Durée de protection, 28 ans, renouvelable pour 28 ans. — Obligation de dépôt en deux exemplaires.— Le **C** doit être accompagné d'un monogramme, mais le nom de l'auteur doit apparaître en entier au dos ou en marge. Applicable pour les sujets de l'Allemagne, Autriche, Belgique, Chili, Costa-Rica, Cuba, Danemark, Espagne, France, Grande-Bretagne et ses possessions, Italie, Mexique, Norvège. Pays-Bas et possessions, Portugal et Suisse. — La mention sans l'exécution des formalités nécessaires du **C** est punie d'une amende.
FRANCE	Berne. — Paris. — Berlin. Sauf réserve relative aux objets d'art appliqué.	*Loi de 1793 revisée.* Énumérative, ne comporte pas la photographie qui est protégée par une jurisprudence irrégulière. Loi spéciale d'avril 1910. — L'aliénation d'une œuvre d'art n'entraine pas, à moins de stipulations contraires, l'aliénation du droit de reproduction.
GRANDE-BRETAGNE et Colonies, sauf celles mentionnées séparément	Berne. — Paris. — Berlin. Sauf réserve relative à la rétroactivité.	*Loi du 16 décembre 1911.* Art. 21. — Droit d'auteur pour la photo. — Le possesseur du cliché est présumé auteur. — Le droit d'auteur dure 7 ans après la mort de l'auteur.
GRÈCE	*Néant.*	Pas de loi intérieure.
GUATEMALA	*Néant.*	*Décret d'ordre intérieur, 29 octobre 1879.* — Dépôt de quatre exemplaires pour toute œuvre artistique. — N'indique pas si la photographie est comprise. — Durée de protection, 50 ans *post mortem.* Avec la France, convention d'août 1895.
HAITI	Berne. — Paris. — Berlin. Sans réserve.	*Loi intérieure du 8 octobre 1884.* — Loi énumérative, ne nommant pas la photographie, mais disant : toutes œuvres pouvant être publiées par un système d'impression ou de reproduction. — Durée de protection, vie entière et 20 ans *post mortem* s'il y a des enfants, sinon 10 ans.
HONGRIE	*Néant.*	*Loi intérieure du 4 mai 1884.* — Applicable aux œuvres littéraires, artistiques et photographiques. Art. 70. — 5 ans après la fin de l'année de parution de l'original. Convention du 30 janvier 1912 avec les Etats-Unis. — Dénomme la photographie.
ILES DE LA MANCHE	Convention de Berne et acte de Paris 1896.	Le 13 octobre 1912, adopte la loi anglaise du 16 décembre 1911.

OBSERVATIONS

PAYS	ADHÉSIONS aux CONVENTIONS INTERNATIONALES DE :	LÉGISLATION INTÉRIEURE RELATIVE A LA PROTECTION DES ŒUVRES PHOTOGRAPHIQUES
LES INDES	Convention de BERNE et acte de PARIS 1896.	Le 13 octobre 1912, adoptent la loi anglaise du 16 décembre 1911. Cette loi ne s'applique pas aux états indigènes.
ITALIE	Convention de BERNE et acte de PARIS 1896. Interprétation de PARIS 1896.	Durée de la protection, vie de l'auteur et au moins 40 ans après 1re publication, puis 40 ans avec licence obligatoire moyennant 5 0/0 du produit. La photographie n'est pas nommée, mais la jurisprudence lui est favorable. Avec la France, convention de 1884.
JAPON	BERNE. — PARIS. — BERLIN. Sauf réserve relative aux traductions et exécutions musicales.	*Loi du 3 mars 1889, article 23.* Durée de la protection, 10 ans après la prise des clichés.
LIBÉRIA	BERNE. — PARIS. — BERLIN. Sans réserve.	*Loi du 22 octobre 1911.* — Loi énumérative, mais ne citant pas la photographie. Durée de protection, la vie de l'auteur et 20 ans après.
LUXEMBOURG	BERNE. — PARIS. — BERLIN. Sans réserve.	*Loi du 10 mai 1898.* — Copie de la loi belge de 1886. — Ne nomme pas la photographie.
MAROC		Situation actuelle indéterminée.
MEXIQUE	*Néant.*	Pas de législation spéciale, mais il figure des articles spéciaux au code civil, articles 1285 à 1387, article 1306.— Ils consacrent l'exclusivité du droit d'auteur en photographie, moyennant le dépôt d'un exemplaire, l'omission du dépôt est punie d'une amende, article 1379. — Prescription au bout de 10 ans. A des conventions avec divers pays, mais le dépôt doit être effectué à Mexico par un résidant.
MONACO	BERNE. — PARIS. — BERLIN. Sans réserve.	*Ordonnance du 27 février 1889, article 2.* — Comprend les photographies parmi les œuvres protégées. Durée de protection, 50 ans *post mortem.*
MONTENÉGRO	*Néant.*	Pas de loi spéciale intérieure. Convention avec la France, 11 janvier 1902.
NORVÈGE	BERNE, PARIS, BERLIN. Sauf réserves relatives aux périodiques et à la rétroactivité.	*Loi du 12 mai 1877* spéciale à la photographie. — Durée de la protection : 5 ans à partir de l'année suivant celle de la publication, le droit expire au décès de l'auteur.
PAPOUA ET ILE NORFOLK	BERNE et acte de PARIS 1896.	N'appliquent pas la loi anglaise du 16 décembre 1911.

OBSERVATIONS

PAYS	ADHÉSIONS aux CONVENTIONS INTERNATIONALES DE :	LÉGISLATION INTÉRIEURE RELATIVE A LA PROTECTION DES ŒUVRES PHOTOGRAPHIQUES	OBSERVATIONS
PARAGUAY	*Néant.*	Pas de loi spéciale, mais les articles 425 à 428 du Code pénal, désignant nommément la photographie, spécifient les peines contre les contrefacteurs, en indiquant que ces peines ne s'appliqueraient que si les auteurs ont réservé expressément leurs droits et les ont fait incrire et payé les droits. Avec la France application de la convention de Montevideo.	
PAYS-BAS ET INDES HOLLANDAISES	Berne, Paris, Berlin Sauf trois réserves. (Depuis le 23 mars 1913.)	*Loi intérieure du 23 septembre 1912.* — La photographie est citée nommément à l'article 10, p. 9. — Durée du droit : 50 ans après la première publication ; elle apporte diverses restrictions au droit d'auteur photo. Cette loi est applicable aux Indes Néerlandaises.	
PÉROU	*Néant.*	A adhéré à l'union de Montevideo ; n'a signé aucune convention littéraire. Code pénal article 353. — La propriété littéraire artistique et intellectuelle est inviolable, elle dure la vie de l'auteur et 20 ans *post mortem*.	
PERSE	*Néant.*	Aucune loi intérieure.	
PORTUGAL	Berne, Paris, Berlin. Sans réserve. (Mars 1911.)	Pas de législation intérieure. Code pénal, articles 570 à 612. Code civil 1867, article 457 à 460. Durée de protection des œuvres d'art, 50 ans *post mortem*, la photographie n'est pas désignée nommément.	
ROUMANIE	*Néant.*	*Loi de 1862 sur la protection littéraire.* — Ne désigne pas nommément la photographie. — Durée de protection : 10 ans *post mortem*. Loi du 19 mars 1904. — Oblige sous peine d'amende au dépôt légal. Avec la France, conventions de février 1893, mars 1907.	
RUSSIE	*Néant.*	*Loi du 20 mars 1911.* — Nomme la photographie ; indique que le droit appartient à celui qui a commandé ; pour réserver le droit, indiquer la date, le nom d'auteur et son domicile. — Durée du droit : 10 ans depuis sa création reportée à la fin de l'année courante. Convention franco-russe, 13 novembre 1912.	
SALVADOR	*Néant.*	*Loi intérieure du 2 juin 1900.* — Ne nomme pas la photographie, mais dit ouvrages originaux. — Durée de la protection : vie de l'auteur et 25 ans *post mortem*. Avec la France, Convention de juin 1880.	
SERBIE	*Néant.*	Pas de législation intérieure à ce sujet.	

PAYS	ADHÉSIONS aux CONVENTIONS INTERNATIONALES DE :	LÉGISLATURE INTÉRIEURE RELATIVE A LA PROTECTION DES ŒUVRES PHOTOGRAPHIQUES
SUÈDE	BERNE. Déclaration de PARIS 1896.	*Loi du 23 mai 1897.* — La photographie est protégée pendant cinq ans à partir du 1er janvier suivant la publication.
SUISSE	BERNE. — PARIS. — BERLIN. Sans réserve.	*Loi du 23 avril 1883.* — Protection pour les photos enregistrées dans les trois mois de la 1re publication pendant 5 ans suivant cet enregistrement.
TERRE-NEUVE	BERNE. Acte de PARIS 1896.	Applique la loi anglaise du 16 décembre 1911.
TUNISIE	BERNE. — PARIS. — BERLIN. Sauf réserve relative aux objets d'art appliqué.	Suit le code français. Une jurisprudence variable protège seule la photographie et lorsqu'elle l'admet comme œuvre d'art la protection dure 50 ans *post mortem*.
TURQUIE	*Néant*	*Loi du 8 mai 1910, article 2.* — Ne mentionne pas la photographie, mais dit que les œuvres pour être protégées doivent porter la mention « droits réservés ». Le dépôt est obligatoire pour entamer une poursuite. — Article 27 : Des artistes travaillant pour compte d'un tiers sont censés lui avoir cédé leurs droits d'auteur.
UNION SUD-AFRICAINE	Convention de BERNE. Acte de PARIS 1896.	N'appliquent pas la loi anglaise de 1911.
VÉNÉZUÉLA	*Néant.*	*Loi intérieure du 17 mai 1894*, déclare perpétuelle la propriété des œuvres scientifiques, littéraires, artistiques, ou d'œuvres originales.
NOUVELLE-ZÉLANDE	Convention de BERNE. Acte de PARIS 1896.	Pas d'application de la loi anglaise du 16 décembre 1911.

OBSERVATIONS

IMPRIMERIE CHAIX, RUE BERGÈRE, 20, PARIS — 8680-5-13.